AF455797

Étude Biographique et Bibliographique

SUR

Claudius BROUCHOUD

PAR

FÉLIX DESVERNAY

Tiré à cent vingt exemplaires

N°

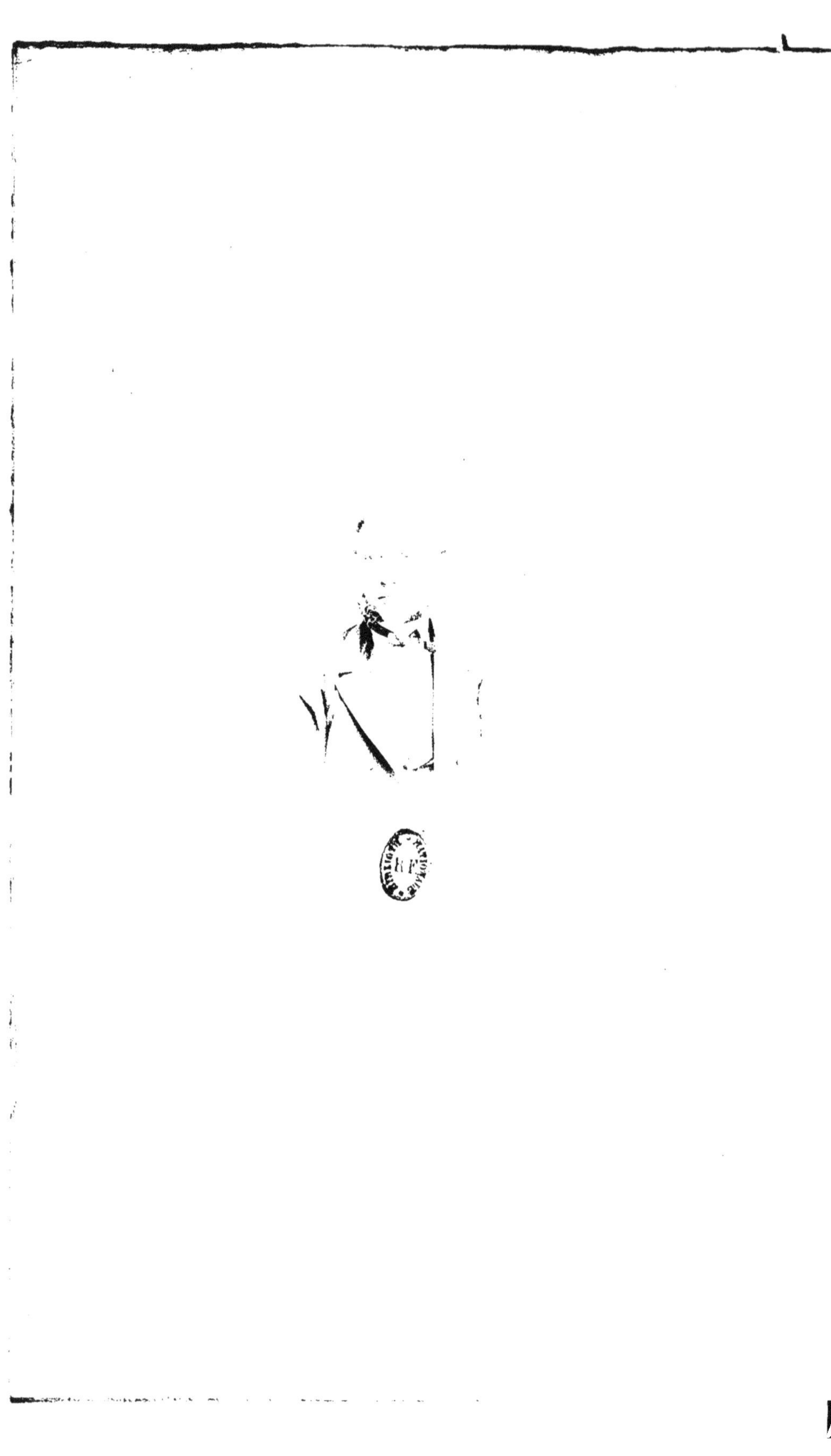

ÉT[illegible]

Biographique [illegible]

Claudius [illegible]

[illegible]

CH[illegible]

ÉTUDE

Biographique et Bibliographique

SUR

Claudius BROUCHOUD

SUIVIE

D'UNE NOTICE HISTORIQUE SUR LA PROPRIÉTÉ

DE LA GRANDE COUR A LA GUILLOTIÈRE, ET D'UNE NOTE

SUR DEUX PORTRAITS DE

LOUISE LABÉ

DITE LA BELLE CORDIÈRE

PAR

FÉLIX DESVERNAY

Direct^r et Rédact^r en chef de *Lyon-Revue*

CINQ PLANCHES hors texte dont TROIS PORTRAITS

Héliogravure du portrait de Louise Labé, par WOEIRIOT

A LYON

CHEZ TOUS LES LIBRAIRES

MDCCCLXXXVII

C. BROUCHOUD

AVOCAT A LA COUR D'APPEL DE LYON
MEMBRE FONDATEUR DE LA SOCIÉTÉ DE TOPOGRAPHIE HISTORIQUE
DE LYON
ET MEMBRE DE LA SOCIÉTÉ FRANÇAISE D'ARCHÉOLOGIE

ESSAI SUR SA VIE ET SES ŒUVRES

Par Félix DESVERNAY

Nous avons appris avec un douloureux étonnement la mort subite de M. C. Brouchoud, avocat distingué (1) du barreau de notre ville. Rien ne pouvait faire prévoir ce triste évènement. Quoique atteint d'une affection grave depuis quelques années, M. Brouchoud conservait une vigueur d'esprit peu commune et poursuivait ses travaux sans relâche et sans fatigue. Non seulement il consacrait son temps à l'exercice de sa profession — et ses confrères savent

(1) M. Brouchoud, après avoir achevé ses études classiques au Lycée de Lyon, en 1849, partait à Grenoble pour y étudier le droit. Intelligent, studieux, il obtint à la Faculté de cette ville les plus brillants

avec quel talent, quelle science il traitait les questions les plus ardues du droit — mais encore il trouvait, en dehors de la pratique du Palais, le temps de s'occuper de travaux historiques et archéologiques dans lesquels il apportait toute la clarté de son esprit lucide et toute la richesse de son tempérament laborieux.

*
* *

Ce n'était pas un de ces érudits lourds, confus, prétentieux qui, sous prétexte de débrouiller une question, ne font que l'embrouiller davantage. Quand il affirmait, ce n'était qu'à bon escient et après des fouilles opiniâtres dans nos archives — à la Charité, à l'Hôtel-Dieu, à la Cour, à la Ville, au Département. Pour lui, tout travail qui ne s'appuyait pas sur des documents authentiques, irréfutables, devait être considéré comme nul et non avenu.

*
* *

Difficile pour les autres, il était impitoyable pour lui-

---

succès. Dans le concours ouvert entre les étudiants de troisième année, il remporta à la fois les deux premiers prix en droit français et en droit romain. Licencié en droit depuis le 31 août 1852, il était reçu docteur, le 7 avril 1854. Au concours ouvert entre les aspirants au doctorat, à lui fut encore attribuée la première médaille d'or. Le sujet proposé était des plus difficiles à traiter et, dans ce dernier tournoi comme dans le précédent, M. Brouchoud avait eu à lutter contre un rival redoutable, l'étudiant M. Gueymard, qui est devenu l'éminent doyen, actuellement en fonctions, de la Faculté de droit de Grenoble.

même. Il ne consentait à mettre au jour un travail, quel qu'il fût, que lorsque la question qui en faisait l'objet avait été envisagée par lui sous toutes ses faces, retournée dans tous les sens, épuisée en quelque sorte. Sa suprême ambition était de voir clair en toutes choses. Peut-être à cet égard ses idées étaient-elles un peu exagérées. En effet, si c'est un art en histoire de savoir amasser, c'en est un autre, semble-t-il, que de dépenser à propos ce qu'on a acquis. C'est sans doute ce souci de la perfection qui l'a empêché de donner tout ce dont il était capable.

*
* *

Sa science d'archéologue était des plus complètes et des plus variées. Les trop rares ouvrages que nous avons de lui témoignent assez de l'étendue et de la diversité de ses connaissances. Nous ne prétendons pas donner ici une appréciation complète des œuvres de M. Brouchoud, ni en mesurer la valeur, nous nous bornerons à les signaler en appelant l'attention sur celles qui nous ont paru les plus remarquables.

*
* *

Le premier début de M. Brouchoud dans la carrière archéologique fut, si nous ne nous trompons pas, un mémoire édité à Paris en 1860 et qui avait pour titre : *De la Noblesse des Avocats et des Médecins en France jusqu'au XVIIIe siècle.* Dans ce travail, où il y a déjà beaucoup de savoir et d'érudition vraie, Brouchoud se révèle comme un écrivain correct, élégant, un esprit déjà riche, orné, facile.

Il le produisit dans des circonstances qu'il est important de faire connaître. M. le docteur Menière, professeur à la Faculté de Paris, médecin de l'Institution impériale des Sourds-Muets, désirait savoir ce qu'était devenu le volume adressé un jour à Boileau par Brossette, volume imprimé à Lyon en 1700 et contenant toutes les pièces relatives au procès des avocats et des médecins de Lyon contre le traitant de la recherche des faux-nobles. Il écrivit donc une lettre au docteur Diday, alors directeur de *La Gazette médicale de Lyon*, lettre très fine, très spirituelle, dans laquelle après avoir rendu hommage à la mémoire de notre compatriote Brossette, l'ami, le confident, l'admirateur de Boileau, il posait aux érudits Lyonnais plusieurs questions qu'il n'avait pu résoudre et se rapportant à l'existence de ce fameux livre.

M. Brouchoud ayant lu cette lettre, bien par hasard — le hasard fait quelquefois bien les choses — s'empressa d'écrire au savant docteur pour le rassurer. Dans sa réponse, très courtoise, très animée, il fournit non seulement des indications précieuses sur l'ouvrage recherché (1), mais, s'em-

(1) Cet ouvrage n'est pas aussi rare que le supposait le docteur Menière. La Bibliothèque de la Ville de Lyon en possède un exemplaire, inscrit au catalogue sous les numéros 21, 264-17. Nous le voyons d'ailleurs figurer dans plusieurs catalogues de livres d'amateurs lyonnais et parisiens. La deuxième Bibliothèque de M. C. Bergeret en possédait un. A la vente aux enchères publiques de cette bibliothèque, il a été adjugé au prix de vingt francs, le 1er décembre 1876.

parant de la cause, il réussit à retracer heureusement la physionomie des débats de ce grand procès pour lequel nos pères s'étaient passionnés, à prouver enfin que le titre de *Nobles* pris autrefois par les médecins comme par les avocats, était une désignation purement honorifique, personnelle et non transmissible — ce qui était la solution au problème posé.

*
* *

En 1863, Brouchoud donnait sous ce titre : *Etudes historiques et archéologiques sur l'arrondissement de Vienne*, un tableau aussi savant qu'animé de la petite ville de Saint-Quentin, dépendant de cet arrondissement. Cette étude devait être pour lui le prélude (le titre l'indique assez) d'un grand travail d'ensemble non seulement sur les communes de cette circonscription, mais sur l'ancien pays de Viennois.

Dans cette brochure, Brouchoud s'attache à faire connaître l'histoire de cette petite commune, depuis ses origines, à l'époque de la domination romaine, jusqu'à la Révolution, où elle perd momentanément son nom pour prendre celui de *Grand-Chalier*. Profitant de documents historiques recueillis dans les archives actuelles de la

---

Voici le titre exact de ce volume: RECUEIL *de toutes les pièces concernant le procès des avocats et des médecins de la Ville de Lyon, contre le traitant de la recherche des faux nobles, avec l'arrêt intervenu au Conseil, le quatrième jour de janvier 1696, approbatif de l'usage où sont les avocats et les médecins de prendre la qualité de nobles.* — LYON, chez E. PLAIGNARD, rue Mercière, au GRAND-HERCULE, M. DCC.

commune, il publie les noms des gentilhommes dénommés dans un parcellaire de 1702, partie du parcellaire de Falavier, qui était chef-lieu du mandement ainsi que l'indiquent quelques pages naïves et curieuses d'une façon de journal, intercalées dans les registres paroissiaux par un curé de Saint-Quentin au XVIIe siècle.

Mais ce qui constitue l'intérêt principal de cette notice, c'est la description qu'elle fournit des principales ruines historiques, antiquités de toutes sortes, aqueducs, fragments de mosaïques, de briques, de poterie, de verrerie, fûts de colonnes, chapiteaux, corniches en marbre, médailles anciennes que renferme ce petit territoire et qui attestent sa prospérité, sa splendeur au temps des Romains. Ce village, si florissant à l'époque dont nous parlons, dut être saccagé, lors de l'invasion des Sarrasins en Dauphiné, et c'est sans doute à la suite de leur expulsion que les populations religieuses et reconnaissantes lui donnèrent, comme à tant d'autres localités de la même province, le nom pieux qu'il porte aujourd'hui.

Parmi les curiosités archéologiques que présente Saint-Quentin, la plus importante, et celle que M. Brouchoud d'ailleurs a décrite avec le plus de soin, c'est, sans contredit, *la Sarrasinière*, bâtiment en ruines que les habitants du pays ont appelé ainsi — on ne sait trop pourquoi.

« De loin, nous laissons parler M. Brouchoud, on dirait l'orifice d'une voie souterraine ou grand égout. De près les archéologues qui l'ont visitée y ont vu un ergastulum ou prison pour les esclaves, une crypte souterraine, une salle de bains romains, la cella d'un temple, etc. Cette variété d'opinions, ajoute M. Brouchoud, atteste à elle seule combien sont curieuses ces ruines, puisque la science en les examinant, ne trouve rien à leur comparer, et qu'elle n'a encore avancé que des conjectures. »

Des fouilles que fit faire M. Brouchoud, le 18 juillet 1863, lui permirent d'arriver à des constatations intéressantes. Il remarqua que la hauteur totale de la Sarrasinière était de 8 mètres 10 centimètres jusqu'au sommet extérieur de la voûte. L'angle méridional du mur était dans un bon état de conservation, et cependant, selon lui, le milieu de la façade avait été reconstruit. Celle-ci n'apparaît plus qu'à une hauteur de 4 mètres 40 centimètres.

« Une baie évidemment moins ancienne que le bâtiment, dit M. Brouchoud, et qui paraît de la même époque que l'église romane, aujourd'hui abandonnée, a été pratiquée au milieu ; c'est son ouverture qui a nécessité la reconstruction partielle de ce mur. C'est, sans doute, quand on a voulu l'approprier au besoin du culte catholique, dans les premiers temps de la création du village de Saint-Quentin, que cette transformation a été opérée ; mais elle prouve que sa destination était différente. Si nous ajoutons que cette porte, élevée au moyen âge, n'a que 72 centimètres de largeur, tandis que les quatre niches pratiquées dans les murs latéraux en ont 95, et celle du fond 150, il est bien démontré que cette ouverture ne date pas de la construction du bâtiment et que, partant, elle n'était pas nécessaire à son usage. »

Suivant M. Brouchoud ce monument n'était ni un ergastulum, ni la cella d'un temple, ni même une salle de bains romains, pas plus que ce ne pouvait être une crypte souterraine, c'était plus simplement un réservoir d'eau. « D'ailleurs, plus bas, nous raconte M. Brouchoud, à l'endroit où ont été trouvées des mosaïques étaient des bains et peut-être aussi une petite villa. Il est certain, du reste, que dans le voisinage de cette localité, il y avait d'autres agglomérations d'habitants, car des mosaïques et des pièces de monnaie romaine sont découvertes,,toutes les années, sur le territoire de la commune de La Verpillière. »

« Et d'abord, ajoute M. Brouchoud, cette construction est évidemment de fabrique romaine ; le cordon de briques sur lequel porte le cintre de la voûte ne permet pas de lui assigner moins de seize siècles d'existence. Il est à peu près certain qu'il a été construit depuis le commencement de l'ère chrétienne. Il n'est pas moins évident que ce n'était là à l'origine, qu'un réservoir d'eau dont les murs étaient enduits d'un épais stuc jusqu'à la hauteur supérieure des niches. Ce revêtement, composé de morceaux de briques concassés et de mortier, se trouve assez fréquemment contre les parois intérieures de tous les murs de l'époque romaine. Ce stuc remplissait l'office d'un véritable ciment destiné à empêcher toute infiltration ou toute altération de la maçonnerie par le contact de de quelque corps gazeux ou liquide. »

M. Brouchoud étudie également les restes d'un aqueduc qu'on peut voir encore parfaitement conservé dans la propriété Baconnier à Saint-Quentin. « Son ouverture rectangulaire, plus haute que large, dit-il, a 16 centimètres sur 25 centimètres d'épaisseur, à peu près autant que le massif qui lui servait de base. On en a constaté l'existence, plus haut et près de la source, quand la commune fit placer des conduits pour amener l'eau dans les fontaines publiques; il se dirige du côté de la Sarrasinière qui dominait la ville gallo-romaine; il a été construit avec des matériaux de même nature que ceux qui se trouvent dans les ruines de ce bâtiment. »

Ce ne sont là, sans doute, que des lignes détachées de l'étude nourrie de Brouchoud sur les antiquités de Saint-Quentin. On peut juger toutefois, par ces courts fragments, de son esprit d'observation, de son souci de la recherche, de son amour de l'exactitude, enfin — ce qui est rare — de la clarté de sa méthode; on le voit, Brouchoud ne se borne pas, comme un vulgaire descriptif, à exposer simplement les faits qui s'offrent à lui, au cours de son voyage pittoresque dans ce pays riche en souvenirs et matériaux de toutes sortes, mais il les discute, les apprécie et en tire toujours des conclusions logiques et rigoureuses.

Pour compléter son étude et en faciliter la lecture, Brouchoud a donné une vue fort exacte de ces deux intéressantes ruines. Comme cette planche est fort bien gravée et qu'elle a été dressée par un artiste mort aujourd'hui, J. Berlioz, sur les indications mêmes de Brouchoud, nous croyons devoir la reproduire (1) ici. On pourra ainsi se faire une idée de ces deux curieux restes d'un autre âge et

---

(1) Cette planche ainsi que le portrait de Louise Labé que nous publions plus loin ont été mis à notre disposition, avec un empressement charmant, par M. Marius Brouchoud, frère de notre ami tant regretté. Nous le remercions bien sincèrement.

surtout se rendre compte, une fois encore, de la conscience que le savant lyonnais apportait dans la publication de ses travaux qu'il s'efforçait, par tous les moyens, de rendre de plus en plus clairs et intelligibles.

***

Cette année 1863 ainsi que l'année 1879 ont été les plus occupées et les plus fécondes de la vie de M. Brouchoud. Nommé en 1863 membre du Comité d'histoire et d'archéologie de l'Académie de Lyon, il prend une part active au Congrès scientifique de France, ouvert la même année à Chambéry, sous la présidence de M. de Caumont. Désigné comme secrétaire de la section d'histoire et d'archéologie, il rédige des rapports, dresse des procès-verbaux où sont clairement résumés les débats de cette session et qui montrent une fois de plus la grande aptitude de Brouchoud, pour le travail d'analyse. Peu de temps après il publiait dans *Le Moniteur Viennois* une lettre dans laquelle il rendait compte des fouilles pratiquées dans le lac du Bourget, pendant la tenue du Congrès en Savoie, et concluait par déduction logique de découvertes faites, à l'existence dans ces parages d'habitations lacustres.

En 1879, le Congrès archéologique tenu à Vienne le compte parmi ses membres les plus laborieux, et c'est à cette réunion qu'il donna communication de deux études remarquables, concernant l'ancienne topographie du Dauphiné : *Le Tumulus de Solaize et l'Ager Octaviensis; des Voies de communication entre Vienne et Lyon dans l'antiquité.*

*
* *

Quelques années plus tard, réunissant les documents précieux qu'il avait puisés aux Archives de la Cour, il en forma plusieurs opuscules qui se rapportent spécialement à l'histoire du droit et de la justice à Lyon et en précisent les différentes phases. Citons : *Recherches sur l'enseignement public du Droit à Lyon depuis la formation de la Commune jusqu'à nos jours,* Lyon, 1865; *Les Origines judiciaires de Lyon*, 1866. Ces divers mémoires présentent des parties d'un vif intérêt, et nous ne sachons pas que rien de plus consciencieux et de plus exact ait été écrit sur ce sujet. Ils s'ajoutent heureusement au tableau qu'un magistrat, M. Vial — le premier — a tracé des diverses juridictions, depuis l'époque romaine jusqu'à la loi des 16 et 24 août 1790, tableau qui montre bien les transformations qu'a subies le pouvoir judiciaire à tous ses degrés, ainsi qu'au savant travail de M. le Conseiller Fayard sur l'établissement de la justice royale à Lyon et ses études sur les anciennes juridictions lyonnaises, études suivies de la liste des membres du Tribunal de la Conservation, depuis la réunion de ce Tribunal au Consulat, et des magistrats de la Cour des Monnaies de Lyon, depuis sa fondation jusqu'à sa suppression.

Son zèle ne se limita pas à la mise au jour d'importants documents, empruntés pour la plupart aux archives de la Cour. Pénétré de cette vérité que les archives ne peuvent être utilement consultées qu'à la condition qu'elles aient été classées au préalable, il s'attela courageusement à ce travail ingrat et, en moins de quatre années, il avait pu mettre en ordre les pièces historiques les plus précieuses contenues dans les archives dont nous parlons : les *Sentences de la sénéchaussée et du présidial, de 1500 à 1730;* les *Registres des Insinuations et les papiers du Roi*, documents auxquels ont pu recourir depuis les travailleurs lyonnais, notamment MM. de Valous et d'Avaize qui en ont tiré les renseignements les plus curieux sur les origines des familles de notre province.

Son dévouement à nos vieux titres judiciaires ne s'arrêta pas là; il obtint que quatre pièces du Palais de Justice, restées vacantes par suite de la suppression de la prison de Roanne, fussent employées à leur dépôt et qu'une galerie du même palais fût affectée à la garde des sceaux, chartes anciennes, gravures, dessins se rapportant aux annales judiciaires de Lyon. Toutes ces richesses retrouvées par M. Brouchoud dans ce fonds oublié, inconnu, ont été réunies par lui avec art, et constituent un véritable musée archéologique.

***

Nous devons à M. Brouchoud plusieurs autres ouvrages moins connus que les précédents, mais qui méritent de n'être pas oubliés : *De l'extradition entre la France et l'Angleterre*, Lyon, 1866, mémoire écrit à la suite d'une entrevue avec sir Thomas Henry, chef magistrat des Cours

[illegible] la [illegible] préalable, il s'attel[illegible] [illegible]geusement [illegible] de quat[illegible]nées, il avait [illegible] ques les plus précieuses [illegible] parl[illegible] *So-*
[illegible] *et la présidial, de 1[illegible] à 1730;* [illegible] *et les* [illegible] *Roi*, do-
[illegible] [illegible]arir depuis les travailleurs [illegible] MM. d[illegible] Valous et d'Av[illegible] qui en ont [illegible] les plus curieux sur les origines [illegible]

[illegible] vieux [illegible] judiciaires ne s'ar- [illegible] quatre pièces de [illegible] de Justice, [illegible] suppression de la prison [illegible] qu'une ga- [illegible] à la garde des [illegible]eaux, [illegible] dessins se rapportant aux [illegible] Toutes ces richesses retrou- [illegible] ce fonds oublié, inconnu, ont [illegible] constituent un véritable [illegible]

[illegible] M. [illegible]

ST CLEMENTI

VUE INTÉRIEURE

de police de Londres (1); *Les Caisses d'épargne cantonales*, Lyon 1868; les *Archives du département du Rhône et de la Ville de Lyon*, 1869; Archéologie, *Vienne souterraine*, Lyon, 1874; *Le Cartulaire municipal de la Ville de Lyon*, compte-rendu 1876... Tous ces ouvrages portent le cachet de ce chercheur infatigable dont le mérite, le savoir étaient plus grands encore que ne le supposaient la plupart de ceux qui l'ont approché sans le connaître intimement.

* * *

Mais ce qui devait consacrer d'une manière définitive, non pas seulement la réputation du savant, mais aussi du lettré, du délicat, de l'homme de goût — c'est la décisive étude qu'il écrivit en 1865 sur les *Origines du théâtre à Lyon*, mystères, farces et tragédies — débuts et séjours de la troupe de Molière dans notre ville. M. Brouchoud ne produisit pas, comme le disait par erreur un de nos confrères, l'acte de mariage de Molière, mais plusieurs très curieuses pièces, actes de baptême, de décès concernant quelques comédiens de l'illustre troupe — deux contrats surtout où s'étale glorieusement la signature ferme, solide et si caractéristique du grand comique : J.-B. POQUELIN.

A Paris, plus qu'à Lyon encore, l'apparition de ce substantiel travail, qui fournissait des renseignements sinon inconnus du moins entièrement inédits sur le théâtre en

(1) M. P. Rougier, avocat à la Cour d'appel de Lyon a consacré un intéressant article à ce travail dans le *Moniteur Judiciaire* du 31 mai 1866. Nous y renvoyons le lecteur.

province, prit les proportions d'un véritable évènement littéraire. La partie relative à l'histoire du théâtre au XVIIe siècle et celle de la troupe de Molière pendant ses divers séjours dans notre ville attira surtout l'attention des savants, des Moliéristes particulièrement, qui célébrèrent à l'envi les mérites de ce mémoire. Les journaux de Paris, eux aussi, en parlèrent avec éloge et l'auteur reçut de toutes parts de nombreux témoignages de sympathie et d'encouragement, parmi lesquels le plus précieux fut, sans contredit, la lettre à lui adressée par le savant conservateur des Musées de Paris (alors Musées impériaux), M. Eudore Soulié. Cette lettre qui a été publiée récemment dans LYON-REVUE est non seulement un véritable modèle de bienveillance et de fine courtoisie, mais elle constitue une véritable étude qui s'ajoute heureusement à celle de M. Brouchoud.

*
* *

Comme complément à son mémoire sur le séjour de Molière à Lyon, M. Brouchoud a publié dans LYON-REVUE, il y a deux ans, une étude non moins savante sur le séjour de Molière à Vienne en Dauphiné, ainsi qu'une notice aussi fine que brillante sur la fameuse Mlle du Parc, Marquise Thérèse de Gorla, de la troupe de Molière, qui se maria à Lyon et dont tour à tour s'éprirent le grand Corneille, vieillissant, qui lui a dédié des vers qui l'ont immortalisée, le jeune et tendre Racine, le distrait Jean de La Fontaine.

⁂

M. Brouchoud, de concert avec quelques membres de la Société littéraire de Lyon et quelques architectes, fonda, le 30 avril 1872, la Société de Topographie historique de Lyon. Ce fut grâce à son initiative et sous sa direction que fut gravé un fac-simile du plan de Lyon au XVIe siècle, cette superbe estampe dont il n'existe qu'un seul exemplaire aux Archives de la ville, gravure ne mesurant pas moins de quatre mètres carrés et qui offre une des vues les plus saisissantes de notre ville, à cette époque, avec ses maisons, ses monuments, ses rues pittoresques.

Ce plan perdu depuis longtemps, mais que le Père Menestrier a connu, puisqu'il en a publié une réduction (1),

---

(1) On lit dans les deux cartouches qui ornent le plan gravé par Tardieu la note suivante rédigée sans doute par le Père Menestrier. « Cette carte représente la Ville de Lyon, comme elle estoit sous les règnes de nos Rois François Ier et Henry II. Elle fait voir les changemens qui s'y sont fait depuis, et donne des grands éclaircissemens pour l'histoire de ces temps-là. On y peut remarquer l'Église des Machabées, autrement dite de Saint-Just, et l'enceinte de son vaste monastère, où logea le pape Innocent IV, six ans et demy, avec toute sa cour et plusieurs Princes et Prélats, au temps du Concile général, Eglise et monastère que les hérétiques démolirent l'an 1562.

Le cloistre de Saint-Jean s'y voit tout entier avec ses portes; on y voit aussi les vestiges de cet ancien canal de communication entre le Rosne et la Saône, qui a retenu le nom de Terreaux, qui signifie des fossez parce qu'une partie de ce Canal resta en forme de fossé, quand on l'eut désséché. Cependant les murs estoient vers la Chapelle Saint-Marcel, où estoit une des anciennes portes, et l'autre au quartier nommé du Griffon. On y découvre encore une partie de

faite par le graveur Tardieu, dans son *Histoire civile et consulaire de la Ville de Lyon* fut, sous l'administration de M. Terme, retrouvé aux Archives, en 1840. Enfoui dans un mauvais sac et déchiré en plusieurs centaines de morceaux, il fut habilement restauré par l'ingénieur géographe bien connu, inspecteur des domaines des Hospices civils de Lyon, M. Laurent de Dignoscyo.

M. Brouchoud a publié d'ailleurs une très attachante brochure sur cette vue scénographique de la ville de Lyon au XVIe siècle, ne comprenant pas moins de vingt-cinq feuilles, vue que deux artistes lyonnais, Joanny Séon et Dubouchet, se chargèrent de reproduire et qu'ils gravèrent avec un soin, une patience et un talent qu'on ne saurait trop louer. Ce travail considérable et dont l'exécution ne laisse rien à désirer, commencé à la fin de l'année 1872, était terminé en mai 1876.

Le Conseil municipal de Lyon, le Conseil général du département, le ministère de l'Instruction publique, éclairés sur l'importance de cette œuvre par un savant rapport

---

l'ancien Théâtre dans les vignes des Pères Minimes, un des grands chemins qu'Agrippa fit construire, de forte massonnerie, au dehors de la porte Saint-Just, au dessus de celle de Saint-George, et quelques restes des Aqueducs au dessus de Fourvière. Derrière l'Eglise d'Aisnay, sur le rempart à la pointe du terrain où se fait le concours du Rosne et de la Saône, se voit la représentation de la feste du Cheval fol qui se faisoit tous les ans aux festes de la Pentecoste, en mémoire d'une sédition populaire appaisée par les habitans du Bourgchanin, qui sauvèrent du pillage l'Abbaye d'Aisnay à pareil jour. Les autres changemens se découvriront aizément en confrontant cette carte avec les nouveaux édifices qui s'y sont fait depuis un siècle et demy. — *(Carte de l'ancienne ville de Lyon)*.

que fournit M. Brouchoud, contribuèrent pour une large part aux frais.

Ce fut également sur le conseil de Brouchoud que la Société de Topographie fit exécuter, en 1875, un fac-simile du plan (1) manuscrit et colorié, de 80 centimètres de large sur 54 de hauteur, du bourg de la Guillotière, mandement de Béchevelin en Dauphiné, dessiné vers 1700, par Mornand, ainsi que d'une carte des mêmes lieux, provenant de la mairie de la Guillotière et qui paraît avoir été dressée au milieu du XVIIIe siècle.

En 1882, la même société, toujours soutenue par le concours dévoué de M. Brouchoud, put mener à bien la publication de la *Description de la Ville de Lyon et des anciennes provinces du Lyonnais et du Beaujolais*, de N. de Nicolay, mémoire précieux dont il existe seulement deux manuscrits, l'un à la Bibliothèque nationale, l'autre à la Bibliothèque de la Diana, et où l'on trouve les détails les plus instructifs sur l'histoire domaniale et la topographie lyonnaises. La plupart des notes qui enrichissent, éclai-

---

(1) Voici le titre de ce plan : *Plan général du bourg de la Guillotière, mandement de Béchevelin en Dauphiné, dédié à M. le marquis de Rochebonne, commandant pour le Roy dans le Lyonnois, Forez et Beaujolois, par son très humble serviteur Mornand, sindic dudit bourg.*

La carte a pour titre : *Carte de la Guillotière et du mandemént de Béchevelin, province du Lyonnais,* rédaction, comme le fait justement observer M. Steyert, qui prouve qu'il est antérieur aux divisions départementales. L'échelle divisée en pas géométriques de « deux pieds et demi de Roy », est une seconde preuve du même genre. Enfin le pont Morand construit de 1771 à 1774 n'y figure pas ; il est donc antérieur à ces dates.

rent, rectifient au besoin le texte de l'ouvrage sont de la main de M. Brouchoud qui, l'année dernière, prit encore une part active à l'impression entreprise par la dite société, du *Plan figuré des châteaux de Grézieu, Pollionay, Izeron et Fautéon*, dressé en 1599 et découvert aux Archives du département du Rhône.

*
* *

M. Brouchoud laisse, nous l'avons dit déjà, plusieurs travaux inachevés ainsi qu'un grand nombre de notes prises un peu de tous côtés et se rapportant soit à l'histoire de notre province, soit à celle du Dauphiné qui avait le don de le passionner, province du reste dont sa famille était originaire. Ses cartons doivent contenir une étude presque complète (il y travaillait quelques jours avant sa mort) sur la seigneurie de Maubec, près de Bourgoin (Isère) (1), et la fameuse famille Bozosel qui l'a possédée pendant plusieurs siècles ; un dossier important sur les Grands Jours tenus à Lyon, du 14 août au 30 novembre 1596.

M. Brouchoud eut la pensée d'entreprendre ce travail après une lecture des *Mémoires de Fléchier sur les Grands Jours d'Auvergne* ; il savait du reste que les Grands Jours s'étaient tenus à Lyon (2) au XVIIe siècle comme en Au-

(1) Au pied de la forteresse de Maubec se trouve un hameau qui porte encore le nom de Brouchoud. La famille Brouchoud doit donc tirer son nom de ce village dont elle paraît être originaire.

(2) La Bibliothèque du Roi, nous apprend Delandine, possédait autrefois (en 1788) un registre important sur les Grands Jours de

vergne à la même époque et que les délibérations prises et les sentences rendues par ce tribunal extraordinaire étaient conservées aux Archives Nationales (1). Il ne put achever

---

Lyon, en 1596. Ce manuscrit doit se trouver aux archives nationales, à Paris. Il était tiré des archives du duché de Bretagne, douzième tome.

« Les Grands Jours étaient des séances judiciaires établies par commissions dans les provinces éloignées pour y décider les contestations et les affaires d'appel. Comme ces affaires étaient toujours importantes et *grandes*, de là vient le nom de *grands jours* donné à ces assemblées extraordinaires. Le Souverain les faisait ordinairement présider par un commissaire départi du nombre de ceux connus, dans les anciennes chartes, sous la dénomination de *Missi Dominici*. Lorsque le Parlement était ambulatoire, on appelait *grands jours* certaines séances d'appareil ; lorsqu'il fut rendu sédentaire, les Grands Jours furent formés des magistrats du Parlement, envoyés pour le représenter et rendre justice dans les pays trop éloignés de son ressort. Lyon ressortit d'abord aux *grands jours* d'Auvergne, qui se tinrent pour les provinces d'Auvergne, Bourbonnais, Nivernais, la Marche, le Lyonnais, le Forez et le Beaujolais, très anciennement à Clermont, en 1454, 1481 et 1520 ; à Montferrand et à Riom en 1542 et 1546. Postérieurement, Lyon eut ses *grands jours* particuliers en 1596. Ce fut Henri IV, au commencement de son règne, qui envoya à Lyon une cour de justice pour y tenir les grands jours. Lyon eut donc ses grands jours au mois d'août de cette dite année ; ils se tinrent dans le couvent des Grands-Carmes, des Terreaux et se prolongèrent jusqu'aux fêtes de Noël. Quinze conseillers au Parlement de Paris et le Président Forget avaient été délégués pour cet office ; ils statuèrent sur les plaintes des bourgeois, mirent fin aux démêlés survenus entre les officiers de la ville, au sujet de leurs attributions, et prononcèrent sur les règlements des officiers de judicature. Les derniers *grands jours* furent tenus à Clermont pour l'Auvergne, et au Puy en Velay pour le Languedoc en 1666. » (V. l'*Almanach de Lyon de 1788:* Bibliothèque historique page 305 ; *Les Mélanges historiques sur Lyon* de Paul Saint-Olive, page 58 ; Monfalcon, *Hist. de Lyon*, II, p. 726.)

(1) Les Archives Nationales conservent d'importants dossiers se

ce mémoire par suite de difficultés inattendues qu'il rencontra. L'élève de l'École des Chartes (1) auquel il avait demandé de transcrire les arrêts de cette Cour souveraine, ayant été nommé archiviste dans un département de l'Ouest, dut interrompre le relevé qu'il avait commencé, et cela au grand désappointement de M. Brouchoud qui se découragea et laissa là son œuvre, quitte à la reprendre plus tard. Hélas! malheureusement pour nous, il n'en a pas eu le temps, et nous ne saurions trop le regretter, car Brouchoud, ardent comme il était, se passionnant pour tout ce qu'il abordait, aurait certainement fait un récit saisissant et mouvementé de cet évènement, le plus dramatique peut-être de l'histoire judiciaire de Lyon.

Si M. Brouchoud a interrompu l'œuvre dont nous venons de faire mention, il a cependant trouvé le temps de mettre la dernière main à son histoire des Grands-Carmes (2) de Lyon qu'il considérait comme un chapitre in-

---

rapportant aux Grands Jours de Lyon. On y trouve entre autres documents : 1° XI.B 9705, un précieux carton contenant les minutes originales des Sentences rendues par les Grands Jours de Lyon, au civil et au criminel de 1596 à 1599, composées de 775 pièces; 2° Sous la cote XI.B, 9706, un autre carton renfermant sous la forme d'un grand cahier : inventaire des Titres apportés de Paris par les Conseillers, minutes originales sur papier, environ 250, etc...

(1) Cet élève de l'École des Chartes s'appelait Legrand. Il fut, en effet, nommé, en 1871, archiviste à Napoléon-Vendée.

(2) Carmes. « Les Pères Carmes, qu'on appelle vulgairement les grands Carmes du quartier des Terreaux, s'établirent en cette ville, peu de temps après la tenue des deux Conciles généraux de Lyon, en 1245 et 1274, où ils avaient envoyé des députés de leur ordre de Mont-Carmel ; mais ce ne fut qu'en 1303 que l'archevêque de Lyon Louis de Villars leur assigna pour demeure le grand tènement qu'ils

séparable de son histoire des Grands Jours. Ce fut, comme on le sait, dans ce monastère que se tinrent les séances de cette haute cour de justice.

*
* *

M. Brouchoud laisse encore un cahier volumineux chargé de documents peu à peu amassés et recueillis dans

---

occupent aujourd'hui. Leur église et leur couvent furent bâtis des libéralités de Charles VIII, de Louis XII et de la reine Anne de Bretagne; il y a 60 ou 70 ans que ces religieux ont fait construire un bâtiment, à côté de leur ancien cloître. » Extrait de l'*Almanach astronomique et historique de la ville de Lyon*, pour l'année de grâce, 1746, p. 33, Lyon.

Ajoutons, pour compléter les renseignements fournis par l'auteur anonyme de l'*Almanach*, qu'à la fin du XV° siècle, lorsque Charles VIII et Louis XII, cédant à la demande de leur confesseur Laurent Bureau, évêque de Sisteron et religieux de cet ordre, firent construire l'église et agrandir le monastère, ce fut le père de Philibert de l'Orme, Jehan, maçon à Lyon, syndic de sa corporation, qui fut chargé d'exécuter les travaux, en paiement desquels lui fut donnée une maison sise près du couvent, rue de la Sainte-Catherine, où plus tard, en 1585, pendait pour enseigne l'*Orme*. Jehan de l'Orme « M° architecteur du Seigneur Roy » mort avant 1585, fut enterré dans l'église de Notre-Dame-de-la-Platière.

La Maison des Carmes de Lyon était la plus importante de la province et jouissait d'une haute considération dans notre ville. Non seulement le Grand Conseil, ainsi que nous l'avons dit, y tint ses séances, mais le Collège des Médecins et le Corps de pharmacie s'y réunissaient. Du reste, les Carmes, à côté d'autres reliques précieuses, possédaient le crâne de Saint-Côme et une partie de celui de Saint-Damien, patrons de ces derniers.

Les Carmes ont donné asile à des personnages célèbres : au fameux Henri Corneille Agrippa, pendant ses différents séjours à Lyon. Ils logèrent également un personnage singulier, Zaga-Christ, qui se disait empereur d'Ethiopie et roi d'Abyssinie.

les archives de la chambre des notaires de notre ville sur Louise Labé, la Belle Cordière, dont il a fait graver, à ses frais, le portrait par Dubouchet, un artiste lyonnais, d'après l'estampe unique de Woeiriot, conservée à la Bibliothèque nationale. M. Brouchoud qui ne prêtait pas volontiers ses matériaux s'était décidé à communiquer les documents dont nous parlons à M. Charles Boy pour les intercaler dans une notice que ce dernier prépare depuis longemps sur l'illustre lyonnaise.

*
* *

M. Brouchoud a été le collaborateur, au point de vue scientifique et littéraire, de plusieurs journaux et revues de notre région : du *Courrier de Lyon*, où il rédigeait naguère une série d'articles si remarquables et si remarqués sur le Pont projeté, dit de la Faculté de notre ville, du *Salut Public*, du *Lyon-Revue*, de la vieille *Revue du Lyonnais*, de la *Revue du Dauphiné*, du *Moniteur Viennois*, où il fit paraître un intéressant article sous ce titre : *Une visite à la bibliothèque de Carpentras*.

Le couvent des Carmes fabriquait une eau dont les vertus curatives n'excédaient pas peut-être celles de l'eau ordinaire, mais elle était en grande réputation. On en fabrique encore, et elle a toujours les mêmes propriétés qu'autrefois : elle est souveraine contre les apoplexies, le mal de mer, les migraines, etc.

L'église des Carmes fut démolie en 1792 et le couvent, vendu, fut transformé en maisons particulières. On voit encore aujourd'hui, dans la cour d'une des maisons de la place de la Miséricorde, les restes d'un cloître dont les arcs sont à plein-cintre. C'est à peu près tout ce qui reste de l'ancien couvent.

Le Moliériste, cette revue vouée au culte de notre grand comique et si intelligemment dirigée par l'archiviste-bibliothécaire de la Comédie Française, M. Georges Monval, a publié également quelques travaux de ce laborieux écrivain, fervent admirateur de Molière.

***

Possesseur d'une très jolie fortune, dans ces derniers temps M. Brouchoud ne plaidait que rarement. Il vivait retiré dans sa pittoresque propriété (1) de *la Grande Cour*, ancien fief, situé aux Hirondelles, tout près de cette grande rue de la Guillotière, où il était né, et de son temps deux parts faisait : l'une entièrement consacrée à sa famille et à ses amis; l'autre, est-il nécessaire de le dire, attribuée soit à ses chers livres, soit aux recherches qu'il poursuivait avec acharnement dans tous nos Dépôts publics, ou bien encore aux travaux qu'il préparait et que sa mort si rapide a interrompus.

C'est là au milieu de cette vie laborieuse et tranquille que la *cruelle* est venue le prendre.

Atteint, depuis quelques années, ainsi que nous l'avons dit, d'une affection dangereuse, M. Brouchoud, comptant trop sur le bénéfice d'un traitement fait à Vichy, en juillet 1885, toujours courageux, avait repris avec une nouvelle ardeur ses occupations professionnelles et se livrait, plus

---

(1) Cette propriété dépendait autrefois du tènement de Franclieu, à la Guillotière, dont M. Brouchoud se proposait d'écrire l'histoire

que jamais, à ses études de prédilection. Ne se doutant pas de la gravité de son état, il ne se ménageait plus; il commit imprudence sur imprudence, — imprudences, hélas! qui, dans la terrible maladie dont il était affecté, ne pardonnent que rarement. C'est ce qui malheureusement arriva. Le 7 décembre 1886, M. C. Brouchoud, en sortant du Palais où il venait de défendre une cause importante, devant la première chambre de la Cour d'appel, prit, ayant trop chaud, une boisson glacée. Il se sentit aussitôt indisposé, s'alita, et, peu après, une fluxion de poitrine s'étant déclarée, il succombait le 15 du même mois.

*
* *

M. Brouchoud était né le 15 janvier 1829, à la Guillotière, alors simple commune de 10,000 habitants, formant l'un des faubourgs de Lyon. Il n'avait donc que cinquante-huit ans. Cette fin subite et pour ainsi dire prématurée ne fait qu'augmenter les regrets de ses nombreux amis, regrets que partageront certainement tous ceux qui, dans notre ville, s'intéressent aux lettres et à l'histoire que M. Brouchoud a servies de toute son âme et au progrès desquelles il a puissamment contribué.

Félix DESVERNAY.

(Extrait du *Courrier de Lyon* du mardi 21 décembre 1886).

BIBLIOGRAPHIE

1° *OUVRAGES IMPRIMÉS*

1. De la *Donation propter nuptias;* de l'*Institution contractuelle :* Thèses de doctorat soutenues le 7 avril 1854, à la Faculté de droit de Grenoble.

2. Nécrologie : *Le lieutenant-colonel Boyer-Fonfrède.* (*Courrier de Lyon* du 7 juillet 1855).

3. *De la noblesse des médecins et des avocats en France.* Correspondance entre M. Menière, professeur agrégé de la Faculté de Paris, médecin de l'Institution impériale des Sourds-Muets et M. C. Brouchoud, docteur en droit, avocat à la Cour impériale de Lyon. Paris, imprimerie Thunot, 1860, in-8°, 30 p. (Extrait de la *Gazette médicale de Paris*, 1860). L'exemplaire que je possède de cet opuscule et que j'ai acquis à la vente de la bibliothèque (1) de M. Brouchoud, contient la lettre originale et bien flatteuse adressée à M. Brouchoud par M. le docteur Menière, lors de la réception de son mémoire, le 11 avril 1860. Cette

(1) La vente de la bibliothèque de M. Brouchoud a eu lieu à Lyon — Hôtel des Ventes — du 18 au 23 avril 1887, sous la direction de M. Auguste Brun. Cette bibliothèque ne comprenait pas moins de

lettre est trop intéressante pour rester inédite, nous la publions plus loin.

4. *Etudes historiques et archéologiques sur l'arrondissement de Vienne :* SAINT-QUENTIN. Vienne, J. Timon, 1863, in-8°, 15 pages, 1 planche : *La Sarrasinière.*

5. *Lettre sur le Congrès scientifique de Chambéry.* (*Moniteur Viennois* du 21 août et du 18 septembre 1863).

5 *bis. Excursion à Hautecombe par le Congrès de Chambéry.* Compte-rendu. (*Courrier des Alpes* du 18 août 1863).

6. *Une visite à la Bibliothèque de Carpentras.* (Feuilleton du *Moniteur Viennois* du 4 décembre 1863).

Parmi les curiosités lapidaires de la ville de Carpentras que M. Brouchoud cite, il en est une qu'il se plaît surtout à décrire. C'est une pierre sépulcrale avec bas-relief, comprenant à gauche, le buste d'une femme debout; à droite, le buste d'un homme portant la main gauche sur le cœur; au milieu d'eux, le buste d'un enfant. Ces trois personnages semblent s'appuyer sur une frise supportée, ainsi que le dit M. Brouchoud, « par deux colonnes torses avec socle uni et chapiteau sculpté. D'un côté à gauche, deux chiens dont l'un a les pattes sur un lièvre renversé ; à droite, un autre chien poursuivant un animal qui est

---

712 articles. L'histoire générale, l'histoire du Lyonnais et du Dauphiné étaient représentées par les meilleurs ouvrages. On y trouvait encore des ouvrages purement littéraires en petit nombre, il est vrai, mais bien choisis et se rapportant presque toujours aux travaux poursuivis par M. Brouchoud. Signalons enfin quelques bons livres sur l'archéologie et d'autres concernant spécialement la topographie des départements du Rhône et de l'Isère. C'était, comme on le voit, une véritable bibliothèque de travailleur.

représenté courant au bord de la frise ». Au dessous de cette frise est gravée en relief (chose rare) l'inscription suivante : P. TITIVS FINITVS VF SIB. ET IVCVNDÆ CIVIS FIL. CON. AN. XL.

Une empreinte en plâtre de ce curieux monument funéraire se voyait à la vente de la bibliothèque de M. Brouchoud, (nº 698 du catalogue). Une lettre de l'ancien conservateur du musée des antiques de notre ville, M. Martin-Daussigny, y était jointe. Nous regrettons de ne pas connaître l'acquéreur de cette intéressante reproduction.

7. *Les Origines du Théâtre de Lyon. — Mystères, farces et tragédies, troupes ambulantes*; — MOLIÈRE, avec notes et documents, et deux fac-simile : acte de mariage de Foulle Martin et d'Anne Reynis; contrat de mariage de René Berthelot, dit du Parc et de Marquise de Gorla : signatures de J.-B. POQUELIN. Lyon, Nicolas Scheuring, 1865, in-8º, 89 pages.

M. Eudore Soulié, conservateur des Musées de Paris (alors Musées impériaux), a publié un compte rendu de ce travail dans la *Revue du Lyonnais*, sous ce titre : *Molière et sa troupe à Lyon*, (3e série, t. I, 1866, p. 234 et 283).

Cette lettre, qui n'eut pas toute la publicité qu'elle méritait, a été réimprimée par nous avec un avant-propos dans le LYON-REVUE, tome XI, nouvelle série, 56e livraison — 31 août 1885 — pages 83 et 103. Voici en quels termes M. Georges Monval dans *Le Moliériste*, nº 81, décembre 1885, annonçait cette réimpression : « La livraison de juillet-août de *Lyon-Revue* vient de publier la lettre adressée par Eudore Soulié à M. Brouchoud au sujet de ses *Origines du Théâtre de Lyon*. Cette lettre, du 3 mars 1866, est une véritable étude sur *Molière et sa troupe à Lyon;* elle avait paru sous ce titre dans un recueil de province peu connu. C'est donc un véritable service que M. Félix Desvernay vient de rendre aux Moliéristes, en la réimprimant *in extenso* dans son élégante revue. »

8. *Notice sur les Origines du Théâtre de Lyon.* Mystères, farces et tragédies, troupes ambulantes; — MOLIÈRE. Paris, Imprimerie impériale, 1865, in-8°, 6 p. — Argument de l'étude précédente, lu à la réunion des Sociétés savantes, à la Sorbonne, au mois d'avril 1865. (Extrait des Mémoires lus à la Sorbonne en 1865. Histoire, philologie et sciences morales, p. 249).

9. *Lettre à Monsieur Eudore Soulié, conservateur-adjoint des Musées impériaux à Versailles.* — Réponse de M. C. Brouchoud. (Extrait de la *Revue du Lyonnais*, 3e série, tome I, 1866, p. 298). Nous avons réimprimé cette lettre dans LYON-REVUE, nouvelle série, tome XI, 57e livraison, septembre 1885, pages 134-145, avec une figure sur bois représentant la vieille *Manécanterie de Saint-Jean*. Ce fut dans la salle des enfants de chœur ou des clergeons de ce bâtiment du Xe siècle que, de 1548 à 1600 et années suivantes, les troupes de comédiens étrangers attachés à la cour de France donnèrent leurs représentations.

M. Brouchoud a réuni la lettre de M. Eudore Soulié et la réponse qu'il lui fit, et les a publiées en brochure tirée à un très petit nombre d'exemplaires. Brochure sans frontispice, in-8° de 34 pages, 1866.

10. *Recherches sur l'enseignement public du droit à Lyon, depuis la formation de la commune jusqu'à nos jours.* Lyon, Auguste Brun, 1865, in-8°, 29 pages. (Extrait de la *Revue du Lyonnais*, 2e série, tome XXI, 1865, p. 82 et des *Mémoires de la Société littéraire de Lyon*, année 1865, p. 107).

11. *Les Origines judiciaires de Lyon.* (*Revue du Lyonnais*, 3e série, 1866, tome I, p. 483).

12. *De l'Extradition entre la France et l'Angleterre.* Lyon, mai 1866. Paris, Ernest Thorin, id. in-8° de 56 pages.

13. *Les Traités d'extradition devant les tribunaux répressifs.* (*Moniteur judiciaire* du 18 août et du 4 septembre 1866).

14. *De l'extradition par M. H. Bonafos, substitut du Procureur impérial de Lyon.* Compte-rendu. (*Moniteur judiciaire* du 10 novembre 1866).

15. *Notices sur les archives judiciaires de Lyon.* (*Revue du Lyonnais*, 3e série, 1867, tome IV, p. 341 et 421 et *Mémoires de la Société littéraire*, année 1867, p. 87. Cette notice contient un dessin trouvé aux archives de la Cour par M. Brouchoud, et représentant l'ancien Palais de Justice de 1627 et la prison de Roanne de 1784 avec sa fameuse et lugubre porte construite par Bugniet. Ce dessin, œuvre de l'architecte J. Gay, a été gravé par Joanny Séon.

16. *Les Caisses d'épargne cantonales.* Lyon, Meton, Paris, E. Thorin, octobre 1868, in-8°, 29 pages.

17. *Etudes historiques sur les anciennes archives judiciaires de Lyon.* (*Mémoires de la Société littéraire,* année 1868, page 49, et *Revue du Lyonnais*, 3e série, 1868, tome VII, page 83).

18. *Les archives du département du Rhône et de la ville de Lyon.* Lyon, Meton, 1869, in-8°, 15 pages, sans couverture.

19. *Le plan de Lyon, au XVIe siècle.* (*Salut public* des 5 et 6 décembre 1872).

20. Archéologie : *Vienne souterraine.* Lyon, imprimerie du *Salut public*, 1874, in-8°, 8 pages. (Extrait du *Salut public*, 12 novembre 1874).

21. *Les archives de Lyon, par Léopold Niepce.* Compte rendu. Lyon, imprimerie du *Salut public*, 1875, in-8°, 10 pages. (Extrait du *Salut public*).

22. *Le plan scénographique de la ville de Lyon au XVIe siècle.* Lyon, imprimerie Vingtrinier, in-8°, sans titre, 14 pages. (Extrait de la *Revue du Lyonnais*, 4e série, tome I, 1876, page 379).

23. *Plan scénographique de la ville de Lyon au XVIe siècle.* Introduction, 1876, in-folio. Cette notice est placée en tête du fac-simile du plan de Lyon au XVIe siècle, formant 25 feuilles in-folio gravées sur cuivre par Joanny Séon et Dubouchet, et publié, la même année, avec un titre et une liste de souscripteurs, sous la direction de M. Brouchoud et par les soins de la Société de Topographie de Lyon.

24. *Le Cartulaire municipal de la ville de Lyon.* Privilèges, franchises, libertés et autres titres de la Commune, recueil formé au XIVe siècle par Etienne de Villeneuve, publié, d'après le manuscrit original, avec des documents inédits du XIIe au XVe siècle, par M. Guigue, ancien élève de l'école des Chartes, archiviste de la Ville et aux frais de la Société littéraire de Lyon. Compte-rendu. Lyon, im-

primerie du *Salut public*, 1876, in-8°, 11 pages. (Extrait du *Salut public* du 19 janvier 1877).

25. *Topographie. Index géographique. Cartes départementales.* Lettre au directeur de la *Revue du Dauphiné*, au sujet du dictionnaire topographique de l'Isère, 3 pages. (*Revue du Dauphiné*, mai 1877.)

26. *Des voies de communication entre Vienne et Lyon dans l'antiquité.* Tours, imprimerie Paul Bouserez, 1879, in-8°, 16 pages. (Extrait des comptes-rendus du Congrès tenu à Vienne par la Société française d'Archéologie, en septembre 1879).

27. *Le Tumulus de Solaize et l'Ager Octaviensis.* Tours, imprimerie Paul Bouserez, 1879, in-8°, 16 pages. (Extrait des comptes-rendus du Congrès tenu à Vienne par la Société française d'Archéologie, en septembre 1879). Cette brochure est accompagnée d'une carte de *l'Ager octaviensis*, dressée par M. C. Brouchoud, secrétaire de la Société de topographie historique de Lyon et dessinée par M. D. Girard, architecte à Lyon, 1879.

28. *Molière à Vienne.* (*Le Moliériste*, 34e année, tome IV, n° 29 — juin 1882 — page 72 et suivantes).

29. *Le père de Mademoiselle du Parc.* Copie de la demande de séjour à Lyon, faite par Jacomo de Gorla. (*Le Moliériste*, 4e année, tome IV, n° 43 — octobre 1882 — pages 218 et 219).

30. *L'Histoire éclairée par la Géographie.* Lyon 1882, in-8°, huit pages, avec une carte. Lecture faite au Congrès national des Sociétés de géographie, tenu à Lyon, en septembre 1882.

31. *Molière à Vienne : Recherches sur le séjour du grand poète comique dans cette ville.* — (Lyon-Revue, nouvelle série, tome IV, 4e année, 29e livraison — 31 mai 1883 — pages 264-273). M. Georges Monval, dans *le Moliériste*, tome V, no 53 — août 1883 — page 158, consacrait les lignes suivantes à cette excellente étude : « L'auteur des *Origines du Théâtre de Lyon*, M. Claudius Brouchoud, a repris et développé dans la livraison du 31 mai de Lyon-Revue (no 29, 4e année) l'article publié sous le titre de *Molière à Vienne* par *le Moliériste* de juin 1882. M. Brouchoud appuie son travail de nouveaux documents qui en augmentent l'intérêt. Il transcrit les passages connus de la *Vie de Pierre de Boissat* et des Mémoires de Nicolas Chorier, établissant le passage de Molière à Vienne en Dauphiné. Puis, il recherche dans les registres des recettes de l'Hôtel-Dieu de Vienne la date de ce séjour, qu'il fixe à septembre 1654, et croit trouver trace d'un autre voyage en 1655. »

32. *L'Intermédiaire Lyonnais. Le général Léonard Duphot.* — Questions par C. Brouchoud; note au sujet de la deuxième question par Félix Desvernay. Lyon-Revue, nouvelle série, tome V, 4e année, 33e livraison — 30 septembre 1883 — pages 167-169.

J'ai publié moi-même une petite notice sur la famille Duphot, dans laquelle j'ai reproduit, d'après des renseignements communiqués par M. Brouchoud, l'acte de baptême de l'illustre général lyonnais, tué à Rome par les troupes papales, le 28 décembre 1797, au moment où il s'interposait entre des insurgés romains et la milice du

Pape. (Voir LYON-REVUE, nouvelle série, tome VI, 5e année 40e livraison — 30 avril 1884 — pages 201-202).

33. *Etudes sur la troupe de Molière à Lyon. Mademoiselle du Parc, née Marquise Thérèze de Gorla.* (LYON-REVUE, nouvelle série, 5e année, tome VII, 43e livraison — juillet 1884 — (pages 22-28). « La livraison de juillet-décembre 1884 de l'artistique et joli recueil illustré de M. Félix Desvernay, *Lyon-Revue*, contient, dit M. Georges Monval, dans le 72e numéro du *Moliériste* (mars 1885), un article sur *Mademoiselle du Parc, née Marquise de Gorla*, par C. Brouchoud. L'auteur conclut avec nous, contrairement à l'opinion de M. Auguste Baluffe, que Marquise est un PRÉNOM et non pas un surnom. »

M. Georges Monval, dans *le Moliériste* de juin 1884, avait rendu compte, non sans malice, de la notice de M. Baluffe, parue dans la livraison de janvier 1884, de LYON-REVUE sur la *Marquise du Parc*, dont M. Brouchoud dans son étude combattit victorieusement les téméraires conclusions.

34. *Encore Mademoiselle du Parc. Marquise par-ci, Marquise par-là. Réplique à M. Baluffe.* (LYON-REVUE, nouvelle série, 6e année, tome VIII, 53e livraison — mai 1885 — pages 274-281). Cette réplique est une réponse aussi fine que courtoise adressée à l'auteur du *Molière inconnu* au sujet du prénom de la belle Mlle de Gorla et des représentations de Molière à Vienne en Dauphiné.

M. A. Baluffe, dur à convaincre, avait envoyé au *Moliériste* (voir numéro 74, mai 1885, page 51) un article «*Encore la Marquise*» où il essayait, sans y réussir, de prouver encore une fois que *Marquise* est un surnom et non un prénom, contrairement à l'opinion de M. Brouchoud, bien justifiée cependant par les actes contenus dans les registres paroissiaux de Lyon au XVIIe siècle, où l'on trouve, pour ainsi dire à chaque page, le nom de Marquise, Marquèse donné comme prénom.

35. *Bibliographie lyonnaise : Cartulaire lyonnais.* — Suite de documents inédits pour servir à l'histoire des anciennes provinces du Lyonnais, Forez, Beaujolais, Dombes, Bresse et Bugey, comprises jadis dans le *Pagus major Lugdunensis*, recueillis par M. Guigue, et publiés par l'Académie de Lyon ; documents antérieurs à l'année 1255. Compte rendu. (LYON-REVUE, nouvelle série, tome IX, 6e année, 55e livraison — juillet 1885, pages 58-60).

36. *Bibliothèque historique du Lyonnais. Mémoires, notes et documents pour servir à l'histoire de cette ancienne province et des provinces circonvoisines*, publiés par MM. M.-C. et Georges Guigue. Compte-rendu. (*Revue du Lyonnais*, 5e série, janvier 1886).

37. *Les Tard-Venus en Lyonnais, Forez et Beaujolais* (1356 à 1369), par M. Georges Guigue, ancien élève de l'école des Chartes, archiviste de la ville de Lyon. Compte-rendu. (LYON-REVUE, nouvelle série, 7e année, tome XI, 72e livraison, décembre 1886, pages 331-336). *Le Salut Public* a reproduit dans son numéro du 3 janvier 1887 cet article.

38. *Le Pont projeté, dit de la Faculté de Médecine de Lyon.* Étude — (*Courrier de Lyon et du Sud-Est, 1886*)

2° OUVRAGES NON IMPRIMÉS, ACHEVÉS OU EN PRÉPARATION

1. *Notice biographique sur le général lyonnais Mathieu-Léonard Duphot*, fils de Michel, maître-maçon et de Catherine Guillebeau, né à Lyon, paroisse de Saint-Pierre et Saint-Saturnin, le 21 septembre 1769, baptisé le 24 suivant, mort à Rome, le 28 décembre 1797.

2. *Histoire de l'ancien couvent des Grands Carmes de Lyon.* M. Brouchoud fit lecture d'un chapitre de cet important travail au Comité d'histoire et d'archéologie de l'Académie de Lyon — séance du 4 mars 1864. Cette étude a été remise par le frère de M. Brouchoud à M. A. Vachez, avocat, qui la publiera avec des notes (1).

3. *L'Archéologie devant les parlements.* (Lecture faite à la Société littéraire, le 22 juin 1870).

4. *Histoire des Grands Jours de Lyon en 1596.*

Cette étude a été déposée entre les mains de M. A. Vachez.

5. *Histoire de la baronnie de Maubec, en Dauphiné.*

M. Leblanc, de Sainte-Colombe (Rhône), doit publier très prochainement ce travail, en le complétant.

6. *Notes sur l'asile de la Table-Ronde, à Vienne.*

---

(1) Les renseignements que nous donnons sur les *Ouvrages manuscrits ou en préparation* de M. Brouchoud, *Rapports et comptes-rendus inédits* de lui, nous les empruntons pour la plupart à la notice consciencieuse que M. A. Vachez, avocat, a consacrée à l'ami et au savant dont nous déplorons la perte.

7. *Notes sur le Temple de Vaulx et ses dépendances*, travail commencé avec le concours de Victor Teste, conservateur du musée de Vienne.

8. *Notes sur le château de Montléans, en Dauphiné.*

9. *Cartulaire du temple de Vaulx-Milieu.*

10. *Notice sur le tènement de Franclieu* à la Guillotière, dont dépendait autrefois le fief de la Grande Cour, propriété de la famille Brouchoud.

11. *Notes et documents sur Louise Labé, dite la Belle Cordière.* M. Brouchoud a communiqué la meilleure partie de ces documents à M. Charles Boy qui vient de publier, chez Lemerre, une nouvelle édition des œuvres de Louise Labé. Nous aurons prochainement l'occasion de parler de cette édition et du dossier constitué par M. Brouchoud.

12. *Documents pour servir à une étude sur les Protocoles des Notaires à Lyon.* Si M. Brouchoud a compulsé avec ardeur, et pendant de longues années, les Registres de la Cour, il n'a pas mis moins d'opiniâtreté à dépouiller les dossiers, minutes et pièces de toutes sortes, conservés à la Chambre des notaires de notre ville.

3° RAPPORTS ET COMPTES-RENDUS INÉDITS

1. *Rapport de la commission chargée de proposer les moyens propres à assurer la conservation des monuments antiques existant à Lyon et dans ses environs.* (Comité d'histoire et d'archéologie, 7 avril 1865).

2. *Compte-rendu du tome VIII des Mémoires et des*

Documents publiés par la Société Savoisienne d'histoire et d'archéologie. (Société littéraire, 31 mai 1865).

3. *Compte-rendu de l'Essai sur l'établissement de la justice royale, à Lyon,* par M. Fayard. (Société littéraire, 9 mai 1866).

4. *Compte-rendu du tome IX des Mémoires et Documents publiés par la Société savoisienne d'histoire et d'archéologie.* (Société littéraire, 20 juin 1886).

5. *Rapport de la commission chargée de rechercher les moyens de reproduire, par la gravure, le plan de Lyon au XVIe siècle.* (Société littéraire, 11 mai 1870).

Ces cinq derniers numéros de rapports et comptes-rendus inédits que nous citons sont littéralement extraits du travail de M. A. Vachez.

4° OUVRAGES AUXQUELS M. BROUCHOUD A COLLABORÉ ET FOURNI DES NOTES

1. *Œuvres de Louise Labé.* Paris, Jouaust — libraire des bibliophiles — 1875. L'étude biographique et littéraire qui ouvre le volume renferme plusieurs NOTES de M. BROUCHOUD. (Voyez pages 14, 16 et 17). Cette notice, dont la forme est si élégante et les idées si ingénieuses, a pu être dressée grâce aux documents communiqués par M. Brouchoud. M. Prosper Blanchemain, d'ailleurs, se fait un devoir de le déclarer dans l'avertissement : « Nous devons, dit ce consciencieux écrivain, la plus vive reconnaissance à M. C. Brouchoud, avocat à Lyon, qui nous a communiqué, avec un désintéressement rare, les rensei-

gnements authentiques qu'il avait recueillis à force de soins dans le but d'en faire lui-même usage ».

2. *Description générale de la ville de Lyon et des anciennes provinces du Lyonnais et du Beaujolais* par N. de Nicolay, publiée et annotée par la Société de Topographie historique de Lyon. Lyon, 1882. — Notes par M. Brouchoud.

Première note. Elle est consacrée à l'ancienne topographie de Lyon. (Voir pages 20, 21 et 22). — *Deuxième note*. M. Brouchoud cherche à déterminer le véritable emplacement sur lequel a été élevé le temple de Rome et d'Auguste. Il conclut pour la colline de Saint-Sébastien dont le nom du reste est significatif dans le procès engagé. (Voir pages 26,27 et 28). — *Troisième note*. (Voir pages 39 et 40). Concerne la Table (discours) de l'empereur Claude. M. Brouchoud donne la date exacte de sa découverte dans la vigne de Roland Gribaud (novembre 1528) et établit l'endroit même où était située cette vigne, dite la Vinagère. — *Quatrième note*. (Voir page 118). M. Brouchoud nous montre les vicissitudes qu'a subies le siège de la Justice Royale à Lyon, du XIIIe au XVIe siècle. — *Cinquième, sixième et septième notes*. (Voir pages 129, 130, 132). La septième traite de la suppression de la justice ordinaire et séculière de l'archevêque, sentence prononcée par la sénéchaussée, le 13 mai 1562, à la requête du Procureur du roi.

Dans la notice sur N. de Nicolay, par V. Advielle, et qui est placée en tête de l'ouvrage dont nous parlons, il faut signaler également une *note* (voir pages 12 et 13) de la main de M. Brouchoud. Elle se rapporte au siège de Perpignan (premier siège, 1542) et à Louise Labé, dite la Belle Cordière qui, suivant un poète du XVIe siècle, y prit part. Cette note est trop curieuse pour que nous ne la reproduisions pas ici *in-extenso*. « C'est à ce siège, dit M. Brouchoud, qu'aurait assisté, en 1542, Loïse Labé dite la Belle Cordière, s'il faut en croire un rimeur du XVIe siècle; mais nous croyons fort qu'il est fait, dans cette pièce de vers, allusion à un simple divertissement militaire. Le siège de Perpignan a dû naturellement faire le fond de cette sorte de représentation, assez minutieusement décrite par l'auteur des louanges de dame Loïse Labé, lionnoise. Il ne faut donc pas prendre à la lettre ces mots :

Et maint assaut leur donna (aux Espagnols).
Quand la jeunesse Françoise
Perpignan environna.

La richesse du costume de Louise Labé, la mise en relief de son habileté à diriger son coursier et à se servir de ses armes, pique ou hache, la présence des princes et gentilshommes sur le théâtre de ses exploits, tout cela n'est en situation que dans l'hypothèse d'un véritable tournoi. Cette pièce de vers qui ne contient pas moins de 47 strophes, ne sera jamais trop commentée, car il semble que si nous possédions la clef de toutes les allusions qu'elle renferme, nous aurions une biographie presque complète de la Belle Cordière.

On peut affirmer que plus les érudits lyonnais poursuivront leurs recherches historiques sur Louise Labé, plus ils feront ressortir l'exactitude des données fournies par ce louangeur anonyme. Mais celles-ci exigent encore un travail assez difficile d'interprétation pour que le sens véritable en soit bien fixé. »

3. *Biographies d'architectes*, par Léon Charvet. — Dans l'étude sur *Jehan Perréal* — Clément Trie et Edouard Grand, — page 121, nous remarquons une note concernant Henri Corneille Agrippa et *l'ordonnance sur le faict de justice de 1539*. Elle est de M. Brouchoud, qui a donné également copie au même auteur (voir l'ouvrage susdit, page 218) d'un acte important de fondation, concernant Jehan Perréal et sa femme. Il résulte de ce document que l'illustre artiste lyonnais et sa femme avaient élu d'avance leur sépulture dans une des chapelles de l'église de Saint-Nizier. M. Charvet a reproduit dans ce même ouvrage l'acte d'acquisition par Jehan de Paris d'une vigne située au Griffon, le long de la côte Saint-Sébastien et faisant partie du tènement acquis plus tard par le drapier Roland Gerbaud, tènement où fut découverte la fameuse table de l'empereur Claude (novembre 1528). Cet acte inédit et d'un très grand intérêt avait été fourni par M. Brouchoud.

Dans son étude sur *Etienne Martellange (1569-1641)*, M. Charvet publie, page 7, un fragment d'acte contenant des détails précieux sur la famille des Martellange et les biens qu'elle possédait dans notre ville. — Protocoles de Claude Buyrin, notaire et tabellion royal à Lyon, à la fin du XVIe siècle, relevés par M. Brouchoud, aux Archives de la Cour. M. Charvet énumère aussi et d'après M. Brouchoud (voir pages 139 et 140), quelques acquisitions faites pour le Collège avant le premier départ des Jésuites.

4. *Mélanges historiques sur Lyon*, par Paul Saint-Olive. Lyon, 1864, voyage en chemin de fer de Lyon à la Croix-Rousse, chapitre II, page 33 : — Place Neuve des Carmes, à Lyon. — Histoire des Grands Carmes de Lyon.

« La partie spéciale de mon travail, dit en terminant l'estimable archéologue lyonnais, laisse beaucoup à désirer sous le rapport des détails locaux, mais je suis heureux d'annoncer qu'un jeune et studieux avocat, M. C. Brouchoud, s'occupe à écrire la même histoire. Il a puisé dans les anciennes archives de ces religieux, une multitude de documents originaux qui donneront un grand intérêt à sa narration... L'auteur m'a fait l'honneur de me communiquer son mémoire, et la lecture profitable que j'en ai faite m'engage à le recommander d'avance à l'attention de tous les hommes qui attachent encore quelque prix aux études historiques sur le vieux Lyon. »

Félix DESVERNAY.

Lettre inédite de M. le Docteur MENIÈRE

ADRESSÉE A M. BROUCHOUD

LORS DE LA RÉCEPTION DE SON ÉTUDE MANUSCRITE : *Sur la noblesse des Médecins et des Avocats en France jusqu'au XVIIIe siècle.*

Monsieur,

ous êtes un habile homme, telle est l'opinion exprimée hier soir par un ancien avocat aux Conseils et à la Cour de Cassation (1), M. Huet aujourd'hui président du Tribunal d'Evreux, devant qui je lisais votre excellent et charmant travail. Nous avions pour auditeurs deux avoués de mes amis et un certain M. Jules Janin assez connu, je pense, pour qu'il soit inutile de vous en dire plus long. Il est de votre pays (2), élève du Lycée de Lyon, et il a été enchanté

---

(1) M. Huet était le beau-père de notre illustre compatriote, Jules Janin. Maire d'Evreux, il mourut dans cette ville en 1873.

Félix DESVERNAY.

(2) Le docteur Menière ne se trompe pas : Jules Janin est bien, en effet, notre compatriote. Il est né, non comme on s'est plu à l'écrire,

de trouver chez un de ses compatriotes autant de science, de goût et de bons sentiments. Je n'ai pas besoin de vous exprimer tout le plaisir que m'a fait votre ouvrage. Je le garderai encore quelque temps, car, je veux le montrer à un autre ami, M. Faustin Hélie, de la Cour de cassation, bon juge en ces matières et qui trouvera sans nul doute qu'on ne peut mieux puiser aux sources et faire un meilleur usage des autorités que vous invoquez.

J'avais donc mille fois raison de vous pousser dans cette voie. Il n'y a pas au monde un médecin capable d'entreprendre une pareille besogne, et la Faculté vous devra bien de la reconnaissance pour lui avoir remis sous les yeux ses vraies lettres de noblesse.

Me permettriez-vous de faire lire votre travail à notre cher conseil judiciaire, maître Paillard de Villeneuve, si friand de tout ce qui touche à l'honorabilité du corps médical dont il est, en toute occasion, le zélé défenseur? On me disait hier que ma lettre, votre réponse et votre mémoire figureraient à merveille dans la Gazette des Tribunaux. *Ce pauvre M. Lionville, que l'on a enterré hier, a fait un livre, je crois, sur la profession d'avocat, mais,*

à Condrieu le 11 décembre 1804, mais à Saint-Etienne (Loire), le 16 février 1804. Il fit une partie de ses études classiques au collège de Lyon, où il eut pour camarades et amis : Armand Trousseau et Edgar Quinet. (Voir dans Lyon-Revue *1884, tome VII, 5e année, nos 43, 44, 46, 47, 48, et pages 8, 75, 146, 195, 247, l'intéressante notice de notre colloborateur, M. Alexandre Piedagnel sur Jules Janin, notice qui est tout à la fois une juste appréciation du génie et du caractère du célèbre critique et un hommage de pieuse tendresse de son secrétaire intime).*

Félix DESVERNAY.

PORTRAIT AVTHENTIQVE
DE
LOYSE LABBÉ
DITE
LA BELLE CORDIÈRE
GRAVÉ EN 1555 PAR P. WŒIRIOT
ET PVBLIÉ POVR LA PREMIÈRE FOIS D'APRÈS
L'ESTAMPE VNIQVE DE LA BIBLIOTHÈQVE NATIONALE
PAR
FÉLIX DESVERNAY

[illegible]

LOYSE LABBÉ

[illegible] CORDIERE

[illegible]

me disaient nos légistes d'hier, il a tout justement oublié le chapitre si intéressant que vous venez d'écrire. Il y a donc convenance parfaite à donner la plus grande publicité à votre œuvre, mais il faut pour cela votre autorisation. Un journal de médecine de Paris voudrait, non pas copier la Gazette Médicale de Lyon, *mais paraître ici en même temps; mais ici encore il faudrait votre permission et s'entendre avec le docteur Diday. Voilà bien des choses sur lesquelles je vous consulte, et j'espère que vous m'aiderez à sortir d'embarras. Vous êtes un homme de bon conseil,* consultissimus, *et quoi que vous décidiez, j'y souscris d'avance (1).*

Je ne puis mieux finir qu'en vous exprimant encore le plaisir que j'ai eu en vous lisant, et combien je me félicite des heureuses circonstances qui m'ont permis de vous dire avec quel zèle et quelle estime, je suis, Monsieur,

Votre très dévoué serviteur,

P. MENIÈRE,

Médecin de l'Institution impériale des Sourds-Muets.

Paris, 11 avril 1860.

---

(1) *La réponse ne se fit pas attendre. M. Brouchoud donna, sans plus de retard, l'autorisation demandée, et la lettre du docteur Menière, la réponse et le mémoire de M. Brouchoud parurent dans* la Gazette Médicale de Paris, *n° de mai 1860. Est-il besoin d'ajouter que lettre, réponse et mémoire reçurent de la part du public lettré et érudit le meilleur accueil.*

Félix DESVERNAY.

Fleuron tirée des Œuvres de Louise Labé. — Édition de 1556.
Lyon, Jean de Tournes.

Note au sujet de deux Portraits

DE

Louise LABÉ, dite la BELLE CORDIÈRE

L'UN DESSINÉ PAR DANGUIN, GRAVÉ PAR H. DUBOUCHET
ET PUBLIÉ PAR C. BROUCHOUD,
L'AUTRE GRAVÉ PAR WOEIRIOT ET PUBLIÉ
PAR FÉLIX DESVERNAY

LA belle planche que nous publions — portrait de Louise Labé — est celle-là même dont nous avons parlé plus haut (voir page 26) et que M. Brouchoud (1) fit graver à ses frais par l'artiste lyonnais, H. Dubouchet.

Ce portrait n'a pas été établi — du moins directement — ainsi que nous l'avons dit (voir même page), d'après

(1) Ce portrait commencé en 1872, était achevé à la fin de l'année suivante, et M. Brouchoud le publiait dès les premiers jours de l'année 1874. Cette planche a été imprimée par la maison Eudes, de Paris, et tirée à 410 exemplaires qui se décomposent ainsi : 10 épreuves sur papier de Chine, avant la lettre, 15 francs l'exemplaire ; — 100 épreuves sur papier blanc, in 4°, colombier, 10 francs l'exemplaire : — 300 épreuves sur papier blanc, in 8°, raisin, 5 francs l'exemplaire.

l'estampe de Woeiriot, mais bien d'après un dessin au crayon, dressé en août 1871 et pris sur l'original à la Bibliothèque nationale par M. Danguin. Ce dessin que nous avons eu sous les yeux, et dont l'heureux possesseur actuel est notre confrère et ami, M. Grisard, quoique d'un beau travail, laisse à notre avis quelque chose à désirer au point de vue de la fidélité. L'artiste a bien exactement reproduit les accessoires pour ainsi dire de l'œuvre, et nous entendons par ce mot le costume même, le cartouche sur lequel repose le buste ainsi que la jolie figurine si spirituellement placée au bas du cadre, mais il a cru devoir, pour des raisons que nous ignorons, et bien à tort selon nous, s'écarter de l'esprit de la ressemblance de la figure. Il ne faut pas ici mettre en cause Brouchoud; nous savons, au contraire, qu'il était opposé à toute espèce d'interprétation et que, sous aucun prétexte, il n'entendait qu'on s'écartât de la ressemblance du modèle. Il désirait seulement qu'on adoucît les traits — un peu durs de l'original — sans toutefois que cela fût au détriment de la sincérité. M. Danguin a bien tenu compte de ce dernier désir; il a adouci les traits, auxquels il a prêté une correction et une beauté idéales, mais il a diminué également la puissance du front, donné plus de légèreté aux touffes de cheveux qui le décorent, assoupli l'arc des sourcils, affaibli l'expression si caractéristique des yeux, qui se perdent de langueur. C'est plus joli, plus artistique si l'on veut, mais moins sincère et, partant, moins vrai.

M. Dubouchet, renchérissant à son tour, a voulu, lui aussi, comme son maître et ancien professeur M. Danguin, faire avant tout œuvre d'art, c'est-à-dire œuvre indépendante, sans toutefois s'éloigner à l'excès du caractère précis du portrait original. Le portrait de Dubouchet est, en effet, la chose la plus blonde et la plus caressante qu'on puisse imaginer; il est gravé à la perfection, mais, il faut l'avouer franchement, c'est encore moins que le dessin de Danguin, la reproduction exacte et sincère du portrait que nous a laissé Woeiriot. C'est, nous le répétons, une ingénieuse interprétation de graveur, rien de plus.

Dans le dessin de Woeiriot les yeux ont un regard ferme et laissent deviner je ne sais quelle expression de pensée maligne; dans la gravure de Dubouchet, s'adoucissant, ils se vaporisent, en quelque sorte, et, sans qu'on sache trop pourquoi, se taillent en amande, comme les yeux d'une chinoise dont ils prennent l'enveloppe féline. Dans l'œuvre de Woeiriot le bas de la figure a quelque chose de vulgaire; le menton est lourd; les lèvres sensuelles s'accusent rudement et le pli qui les relie au haut du masque décèle suffisamment l'âge véritable de la belle Lyonnaise en 1555. La lèvre supérieure est d'une longueur exagérée; épaisse, lippue, elle paraît même ombragée de quelques poils ou d'un léger duvet. Dubouchet, bien entendu, pour donner plus d'attrait et plus de charme à son modèle, a corrigé tout cela. Sous son burin, véritable baguette de fée, tout se transforme. La lèvre était trop longue, il la diminue, en corrige la forme disgracieuse, non sans assouplir le contour peu gracieux du menton. La lèvre se déployant, la figure rit ou sourit d'une façon charmante et toutes les lignes deviennent alors d'une douceur extrême. Le nez fortement accusé par Woeiriot, et d'une forme si puissante, si belle, sous la main de ce charmeur se miniaturise : il devient fin, élégant, gracieux, coquet, c'est celui d'une belle mondaine. Les narines — si ardentes dans l'œuvre originale et qui semblent être comme des voiles naturelles enflées au souffle du désir — perdent de leur mouvement, de leur animation et se contiennent au profit de la grâce, il est vrai, mais au détriment de la ressemblance.

Woeiriot nous a peint Louise telle qu'elle était, telle qu'il l'avait vue, à Lyon, dans la gloire de sa beauté mâle, énergique, dans toute la splendeur incorrecte de ses formes, avec le rayon du génie au front, l'éclat de la passion dans les yeux et le feu brûlant de la volupté aux lèvres. Dubouchet, lui, artiste délicat, tendrement épris des choses mesurées, caressantes, n'a pu représenter la Belle Cordière que telle qu'il la rêvait — perdue dans des formes flottantes : suave, élégante, doucement amoureuse, une femme, en un mot, à l'eau de rose, tout comme MM. Jules Barbier et Carré, il y a trente ans, nous ont servi à la crême la Marguerite de Gœthe, qui n'était rien moins qu'une péri d'occident.

Pour mettre à même le public de constater *de visu* les différences que nous signalons et que présentent les deux gravures qui nous occupent, nous joignons ici même, à la gravure de Dubouchet, celle de Woeiriot qui l'a inspirée. Il ne saurait être question, cette fois, d'interprétation. C'est l'héliogravure même du portrait de Louise Labé, par Woeiriot, pris par nous à la Bibliothèque Nationale — Section des Estampes. Il est donc bien authentique, exact, fidèle, sincère. S'il ne l'était pas, ce n'est pas nous qu'il faudrait incriminer, mais le soleil. Et qui l'oserait ? *Solem quis dicere falsum audeat ?*

*
* *

Quelques mots, en terminant, sur la découverte de ce portrait, que nous avons faite dans des circonstances bien particulières.

C'était en 1870, j'étais encore sur les bancs de l'Ecole (grand style), lorsqu'au premier Jour de l'An, jour attendu, désiré, on me donnait le petit résumé de l'Histoire de la Gravure, par Georges Duplessis — Bibliothèque des Merveilles. — prix : 2 francs. A ce moment, on n'avait pas encore pris l'habitude d'offrir aux enfants des volumes de 20, de 30 et même de 40 francs.

Le mien si bon marché qu'il fût ne m'en parut pas moins un cadeau précieux, une gâterie charmante. Il avait surtout une couverture qui me ravissait. Vous la connaissez : des anges tout dorés se détachent sur un ciel (lisez une toile bleu marine) et accrochés à une boule terrestre, en mesurent la circonférence avec force instruments, compas, équerres, fils à plomb. En haut, d'un triangle émergeait un œil doré également — l'œil de Dieu. Cet œil, me médusait et me réjouissait tout à la fois. La reliure à tranche rouge et cirée était belle, mais le texte chargé d'images, me parut plus intéressant encore. Pour la première fois, j'appris à connaître les maîtres dans cet art où tant de Lyonnais illusires ont excellé. J'y trouvais le Petit Bernard, les

Stella, les Audran, les Drevet, les Cars et d'autres encore glorieusement appréciés. Je fus surpris de n'y pas rencontrer, à côté d'eux, le nom inoubliable cependant de Jean-Jacques de Boissieu. Pourquoi ? Je n'ai jamais pu savoir.

En revanche, le nom de Woeiriot (1), le graveur lorrain, qui a fait un long séjour dans notre ville, y était mentionné et j'y découvrais que c'était à lui que nous devions de posséder les traits de Louise Labé dont je n'avais pas lu encore les œuvres (on doit le penser), mais dont j'aimais le surnom caressant : *La Belle Cordière.* Et puis c'était le nom donné à une rue de ma ville que je connaissais bien, rue qu'un de mes vieux professeurs s'obstinait à appeler rue Bourgchanin. J'ai su depuis pourquoi. Il avait bien raison le bonhomme, et ils ont eu décidément bien tort ceux qui ont débaptisé cette rue qui portait, avec son ancien nom, le souvenir de tout un ancien quartier de Lyon — le Bourgchanin, comme on disait autrefois. Il y avait un moyen bien simple d'arranger les choses, c'était de laisser son nom à la rue de la Belle-Cordière, aujour-

---

(1) Voici les lignes mêmes que consacre à Woeiriot dans ses Merveilles de la Gravure, M. Georges Duplessis : « Pierre Woeiriot, artiste lorrain, se souvint, dans les scènes qu'il exécuta d'après ses propres dessins, de son prédécesseur Jean Duvet. Lui aussi couvrit ses figures de travaux beaucoup trop multipliés. Tous ses portraits ne dénotent pas une égale science de dessin, mais on le juge favorablement devant les planches qui reproduisent LES TRAITS DE LOUISE LABÉ, de François de Sérocourt, d'Antoine Le Pois ou le sien. Mieux inspiré devant ces physionomies, guidé peut-être par de meilleurs modèles, il se montra là sous un jour très heureux et prit rang parmi ces excellents portraitistes dont la France vit les succès pendant toute la durée du seizième siècle. »

d'hui rue de la République, section comprise entre la place de ce nom et la place Bellecour — ce qui ne veut rien dire, pas plus que ne disait cette ancienne dénomination rue Impériale, rue de Lyon — et conserver à la rue Bourgchanin sa vieille appellation. Mais quand un moyen est bon, c'est toujours et justement une raison pour qu'on ne s'en serve pas.

Je lus donc avidement le passage du livre qui concernait Louise Labé. Je me promis même de le retenir, mais je dois avouer, en toute sincérité, qu'à ce moment je n'attachais pas grande importance à ma trouvaille iconographique qui, du reste, n'en était pas une. J'estimais d'ailleurs que tous les portraits de la Belle Cordière (et on sait s'il y en a, nous en publierons prochainement la liste) étaient plus ou moins établis d'après ce portrait authentique, nous disons bien authentique, puisque Woeiriot était le contemporain de la belle Lyonnaise.

Quel fut mon étonnement, lorsque quelques années plus tard, sorti du collège, et déjà travaillé par ce mal littéraire qui, une fois qu'il nous a envahis, ne nous quitte plus, rencontrant un amateur éclairé des belles-lettres, celui même dont je viens d'avoir le douloureux devoir d'écrire la vie, M. Claudius Brouchoud, qui m'honorait de sa bienveillance, j'appris de sa bouche qu'il avait découvert le véritable portrait inconnu (il le croyait du moins) de Louise Labé par Woeiriot, et qu'il se proposait de le faire graver par H. Dubouchet et de le publier. Je lui fis part alors de mon humble et fortuite découverte venant se greffer sur la sienne; je lui citais l'ouvrage où j'avais vu, avant ou en même temps que lui, mentionné le portrait dont il s'agissait. Il ne le connaissait pas.

C'était autre part — dans un ancien ouvrage qu'il m'indiqua ou qu'il ne me nommait pas, je ne sais plus, qu'il l'avait vu citer. Ce travail de recherche avait dû coûter à Brouchoud de pénibles efforts, et le volume qui lui avait ouvert la piste devait être rare et précieux, car ce cher ami ne voulait pas en croire ses oreilles. Il ne pouvait admettre que la mention de cette pièce — *rara avis* — fût faite dans un volume écrit seulement pour les enfants. Il s'obstinait même à me déclarer que je m'étais trompé, bref à me prouver que j'avais pris des vessies pour des lanternes. Je lui apportai le livre. Il fallut bien se rendre à l'évidence. Mais je crois qu'il a toujours eu sur le cœur d'apprendre qu'un auteur moderne aît connu ce portrait avant lui, et que sa découverte n'avait par conséquent pas toute l'importance qu'il y avait attachée d'abord. Georges Duplessis, en effet, en sa qualité de conservateur de la section des Estampes de la Bibliothèque Nationale ne pouvait ignorer l'existence de cette pièce qui y est conservée, pièce unique et d'un intérêt capital au point de vue artistique et même littéraire. Nous sommes ainsi faits. Nous voulons toujours être seuls à posséder ce que nous avons péniblement recherché, ne nous doutant pas que ce travail que nous avons fait, d'autres ont pu le faire avant nous et quelquefois avec le même labeur. Ce qui n'empêchera pas que d'autres, reprenant plus tard la même tâche, voudront, à leur tour, être les premiers à s'y être attelés, et ainsi de suite dans le domaine de l'histoire et de l'archéologie, jusqu'à la consommation des siècles.

Quoi qu'il en soit, si M. Brouchoud fut étonné, je le fus bien davantage. Le portrait trouvé par Brouchoud, étant sinon inconnu, du moins inédit — et on n'en pouvait douter — tous les autres portraits, — ceux que je croyais établis d'après l'original — devaient donc être de pure fantaisie. C'était à peine croyable. Cependant, après des recherches faciles à faire, du reste, je pus me rendre compte que depuis le milieu du XVIIIe siècle, époque où, grâce à une société de bibliophiles et de gens de lettres lyonnais, parut une nouvelle édition des œuvres de la Belle Cordière, et que sa mémoire injustement oubliée fut remise en honneur, tous ou du moins la plupart étaient la reproduction plus ou moins fidèle de la gracieuse composition allégorique; *femme jouant du luth à la cour sous Henri II*, dessinée par Nonnotte et Delamonce, mal gravée par Daullé, composition qui orne précisément l'édition dont nous parlons, édition des frères Duplain — Lyon 1762, imprimerie d'Aymé Delaroche.

A quelque temps de là, je revis M. Brouchoud qui m'offrit, avec cette manière de donner qui était charmante chez lui, une épreuve — une des premières qu'il venait de recevoir de Paris — de la gravure en taille douce de H. Dubouchet, dressée d'après le dessin de Jean-Baptiste Danguin qui, primitivement, s'était chargé de ce travail. Malheureusement il fut forcé de l'interrompre, par suite d'occupations multiples : commandes de reproductions des tableaux de grands maîtres en cours d'exécution et les devoirs de sa charge de professeur à l'Ecole des Beaux-Arts de notre ville.

Cette gravure qui, à juste raison, faisait le ravissement de M. Brouchoud, croyant tenir, cette fois, la Belle Cordière, je la trouvais, comme je la trouve encore, charmante, d'un travail exquis et même trop exquis. Cependant, sans en faire part à M. Brouchoud, je conçus des doutes non seulement sur la sincérité de la copie, mais encore sur la ressemblance du modèle. Ayant pu juger de la manière de Woeiriot, par quelques planches de lui que j'avais eues entre les mains : son portrait placé en tête du *Pinax iconicus*, celui de Georgette de Montenay, en tête des *Emblèmes*, marque de l'imprimeur lyonnais Baudin et surtout la plus fameuse désignée sous le nom du *Taureau de Phalaris* etc., je flairais sous cette prétendue copie une fausse interprétation.

Je me promis donc, à mon prochain voyage à Paris, d'aller moi-même à la Bibliothèque de la rue de Richelieu comparer cette gravure avec celle de Woeiriot. Ce que je fis. Je pus me convaincre alors du bien fondé de mes soupçons et constater que la gravure publiée par M. Brouchoud n'était qu'une traduction infidèle de l'œuvre de l'artiste lorrain.

A mon retour, j'en touchai quelques mots à Brouchoud, sans trop insister toutefois, pour ne pas lui inspirer trop de regrets, devenus inutiles du reste. Je me proposais bien, cependant, dans un nouveau voyage, de prendre moi-même la photographie de la gravure de Woeiriot. Je n'y manquai pas et, aujourd'hui, sans désobliger l'ami que nous pleurons, je puis le publier. Je crois même devoir le joindre à cette notice qui lui est consacrée, pour que, si un jour des discussions s'élevaient autour de ce portrait, et que le nom de Brouchoud fût mis en cause, on sache bien qu'il n'a pas dépendu de lui qu'il fût plus fidèle, mais bien des artistes qui, contrairement à la pensée de l'éditeur, ont eu plus souci de faire un travail d'art qui portât leur marque personnelle que de fournir un travail d'imitation — une copie au vrai sens du mot — reproduisant, consciencieusement, servilement même l'œuvre vigoureuse, solide, si caractéristique, si intéressante — l'une des meilleures enfin — de ce maître du seizième siècle dont le nom doit rester cher à tous les admirateurs de la femme célèbre qui a le plus honoré les lettres à Lyon.

Félix DESVERNAY.

LA GRANDE COUR

PROPRIÉTÉ DÉPENDANT AUTREFOIS DU TÈNEMENT DE FRANCLIEU
ET SITUÉE GRANDE RUE DE LA GUILLOTIÈRE

AINSI que nous l'avons dit (voir page 27), la propriété dans laquelle vivait retiré depuis quelques années M. C. Brouchoud s'appelait *La Grande Cour*. C'est une des plus importantes du quartier Est de la Guillotière — lieu dit des Hirondelles; — elle porte le numéro 237 de la grande rue.

Ce domaine faisait autrefois partie du tènement de Franclieu qui, ainsi que ceux de Saint-Lazare (ancienne léproserie), de la Buire, de la Mothe, des Tournelles et de la Thibaudière, dépendait du mandement de Béchevelin, soumis à la juridiction de l'archevêque de Lyon.

On ne sait rien sur les origines de ce fief. Franclieu devait primitivement compter peu d'habitants et se composer, comme beaucoup d'autres terres environnantes, d'une maison forte ou château, et de quelques fermes isolées. Il n'acquit une certaine importance qu'au moment où, sur un point de son territoire, la piété des fidèles éleva l'oratoire de Notre-Dame-de-Grâce qui occupait la place actuelle du Marché — Place de la Croix — à la bifurcation qui sépare les routes de Grenoble et de Crémieu.

Des habitations s'étant groupées peu à peu autour de la chapelle, leur agglomération ne tarda pas à former une sorte de bourg qui — on ignore pourquoi — ne retint pas le nom du tènement sur lequel il s'était établi et développé, mais prit bientôt celui du propriétaire d'une hôtellerie voisine et célèbre — Guillot — d'ou Guillotière — laquelle dénomination, dans des temps postérieurs, fut appliquée à la totalité du vaste territoire couvrant la rive gauche du Rhône, et prévalut même sur le nom de Béchevelin qui, dès lors, tomba en désuétude.

D'ailleurs, la construction, à la fin du XIIe siècle, du pont du Rhône déplaçant la circulation et la portant sur la route de Grenoble, devait contribuer au développement du bourg dont nous parlons, et cela au détriment de Béchevelin qui, par sa situation en aval du dit pont, se trouvait isolé. Du reste, la route de Vienne — ancienne voie compendiaire de cette ville à Lyon — ayant été, par un embranchement, reliée plus tard à la grande rue de la Guillotière, le débouché par Béchevelin devenait inutile. Aussi Béchevelin fut-il bien vite abandonné. Le hameau de Chaussagne quoique placé sur une hauteur et à proximité de la route de Grenoble, par suite du mouvement que nous indiquons, subit le même sort et se dépeupla peu à peu. D'autre part, Saint-Alban de Chaussagne et Saint-Jean (alias Notre-Dame) de Béchevelin, perdirent leur rang de paroisse, et furent remplacés, comme église paroissiale, par Notre-Dame-de-Grâce de la Guillotière.

LA GRANDE COUR

LYON À TRAVERS LES ÂGES, PAR FÉLIX DESVERNAY

LA GRANDE COUR

*
* *

La propriété de *La Grande Cour*, on le voit, est fort ancienne et a, en quelque sorte, son histoire. Les divers corps de bâtiments qu'on y remarque, disposés d'une façon pittoresque, datent du XVIIe siècle. Leur architecture n'offre toutefois rien de saillant. Par contre, le portail (1), qui est de la même époque, a un caractère presque monumental et mérite de fixer l'attention. Il porte bien le cachet de ce style pompeux et lourd du temps. Son fronton en fer forgé est d'un beau travail ; les piliers sur lesquels il s'appuie, peut-être un peu massifs, affectent la forme d'un piédestal rectangulaire et sont couronnés de deux lévriers au repos — image de la vigilance. Ces deux

---

(1) Dans le même quartier, non loin de la propriété Brouchoud, on découvre un autre portail plus artistique encore. C'est celui de l'ancien Jardin de la Butte — aujourd'hui propriété Crozy. — Il appartenait à la Compagnie des Chevaliers de l'Arquebuse de Villeneuve de Lyon qui y faisait ses exercices. Cette Compagnie, établie sous les ordres des Gouverneurs de Lyon depuis 1738 et autorisée par le Roi le 28 mai 1768, avait pour protecteur le duc de Villeroy. Ce qui explique la présence des armoiries de la famille de ce nom, surmontées de la couronne ducale et reposant sur deux carabines en sautoir, qu'on voyait autrefois dans deux cartouches, sur chacun des battants du portail. Ce qui reste de la grille, nous le répétons, est superbe.

Il ne faut pas confondre cette association avec une autre plus ancienne qui portait le même nom. Cette dernière n'avait rien de commun avec celle dont nous parlons. « La compagnie des Chevaliers du royal exercice de l'Arquebuse de Lyon, comme disent les Almanachs de Lyon du siècle dernier, fut créée pour faire honneur à la Ville et pour servir à sa défense et à sa conservation. Dans des titres et des actes de 1498 et de 1500, il en est fait men-

gardiens fidèles, bien posés, bien sculptés, animent de leur silhouette élégante l'ensemble du monument. Deux grilles à barreaux simples reposant sur un entablement et partant à droite et à gauche du grand portail, se développent sur un certain espace — l'une perpendiculairement, l'autre horizontalement. Quatre stèles surmontées alternativement de pots à feu et de pommes de pin, les coupant à égale distance, en rompent l'uniformité et complètent d'une façon heureuse la décoration générale de cet artistique façade.

Nous publions la vue même de ce beau portail qui donne entrée dans le jardin de la propriété.

FÉLIX DESVERNAY.

---

tion. Ses exercices se faisaient à un autre Hôtel de la Butte, près de la porte d'Halincourt. Cette maison, comme il appert par des titres de l'année 1669, située près du boulevard Saint-Jean, territoire de *Pierre-Aigle* — occupé aujourd'hui par la caserne et le fort Saint-Jean — fut bâtie aux frais de la Ville et le prix de sa construction s'éleva à la somme de 29,148 livres, 1 sou, 9 deniers. Le 17 août 1735, une délibération consulaire accorda à la Compagnie la jouissance du terrain de la Butte, avec faculté d'y faire telles constructions qu'elle jugera à propos; enfin, le 4 mai 1784, le Consulat vendit aux Chevaliers de l'Arquebuse la propriété de la Butte et dépendances, moyennant 30,000 livres.

Les deux compagnies des Chevaliers de l'Arquebuse furent supprimées en 1790.

INDEX

TEXTE

PLANCHES

HORS TEXTE

1° PORTRAIT DE CLAUDIUS BROUCHOUD. — Photographie VICTOIRE.

2° LA SARRASINIÈRE ET LE TRONÇON D'AQUEDUC DE SAINT-QUENTIN (Isère). — Eau-forte par J. BERLIOZ.

3° PORTRAIT DE LOUISE LABÉ, dite la Belle Cordière, gravé en 1555 par PIERRE WOEIRIOT et publié pour la première fois, d'après l'estampe unique de la Bibliothèque Nationale, par FÉLIX DESVERNAY. — Héliogravure.

4° PORTRAIT DE LOUISE LABÉ dite la Belle Cordière, dessiné par J. B. DANGUIN; gravé en taille douce par H. DUBOUCHET et publié par BROUCHOUD.

5° LA GRANDE COUR. — Vue du portail qui donne entrée dans le jardin de la propriété. — Eau-forte par C. TOURNIER.

Imp. WALTENER ET Cie, rue Belle-Cordière, 14. — LYON.

www.ingramcontent.com/pod-product-compliance
Ingram Content Group UK Ltd.
Pitfield, Milton Keynes, MK11 3LW, UK
UKHW021559260726
13993UKWH00002B/932